I SPEAK LITHUANIAN LEVEL 1 AND 2

COMMON LITHUANIAN WORDS IN CONTEXT FOR FLASH CARDS

Fluent Edition

All rights reserved. No part of this publication may be reproduced, distributed, or transmitted in any form or by any means, including photocopying, recording, or other electronic or mechanical methods, without the prior written permission of the publisher, except in the case of brief quotations embodied in critical reviews and certain other noncommercial uses permitted by copyright law.

Contents

Level 1	Week 1-6
Level 2	Week 7-12
Level 3	Week 13-18
Level 4	Week 19-24
Level 5	Week 25-30
Level 6	Week 31-36
Level 7	Week 37-42
Level 8	Week 43-48
Level 9	Week 49-54
Level 10	Week 55-60
Level 11	Week 61-66
Level 12	Week 67-72
Level 13	Week 73-78
Level 14	Week 79-84
Level 15	Week 85-90
Level 16	Week 91-96
Level 17	Week 97-102
Level 18	Week 103-108
Level 19	Week 109-114
Level 20	Week 115-120
Level 21	Week 121-126
Level 22	Week 127-132
Level 23	Week 133-138
Level 24	Week 139-144
Level 25	Week 145-150
Level 26	Week 151-156

I SPEAK LITHUANIAN LEVEL 1 AND 2

COMMON LITHUANIAN WORDS IN CONTEXT FOR FLASH CARDS

Level 1

1 - 1

A bird is flying.
Skrenda paukštis.

1 - 2

Follow the signs.
Sekite ženklus.

1 - 3

I have some books.
Turiu keletą knygų.

1 - 4

The meal is ready.
Valgis jau paruoštas.

1 - 5

The stew burnt.
Troškinys sudegė.

1 - 6

Talk to a witness.
Pasikalbėkite su liudytoju.

1 - 7

There's a bomb!
Čia bomba!

Week 1

Level 1

2 - 1

See you.
Iki pasimatymo.

2 - 2

Is she calling you?
Ar ji tau skambina?

2 - 3

Do me a favor.
Padaryk man paslaugą.

2 - 4

Sincerely thanks.
Nuoširdžiai dėkoju.

2 - 5

No, I'm serious.
Ne, aš kalbu rimtai.

2 - 6

It's 16th June.
Tai birželio 16-oji.

2 - 7

This is a shortcut.
Tai yra trumpas kelias.

Week 2

I SPEAK LITHUANIAN LEVEL 1 AND 2
COMMON LITHUANIAN WORDS IN CONTEXT FOR FLASH CARDS

Level 1

3 - 1

Challenge yourself.
Iššūkis sau.

3 - 2

What do you do?
Ką veikiate?

3 - 3

First aid center.
Pirmosios pagalbos centras.

3 - 4

He is smart.
Jis yra protingas.

3 - 5

Yes, please.
Taip, prašau.

3 - 6

I'm afraid not.
Bijau, kad ne.

3 - 7

It is as you say.
Taip, kaip sakote.

Week 3

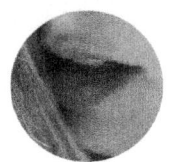

Level 1

4 - 1

I am ready.
Aš esu pasiruošęs.

4 - 2

Motivate yourself.
Motyvuokite save.

4 - 3

In my opinion.
Mano nuomone.

4 - 4

He is my neighbour.
Jis yra mano kaimynas.

4 - 5

It is already 8.30.
Jau 8.30 val.

4 - 6

It's windy.
Vėjuota.

4 - 7

All the best.
Visiems geriausios nuotaikos.

Week 4

Level 1

5 - 1

How sure are you?
Kiek esate tikri?

5 - 2

I am a vegetarian.
Esu vegetarė.

5 - 3

Do not smoke.
Nerūkykite.

5 - 4

I saw the trailer.
Mačiau priekabą.

5 - 5

Is this on sale?
Ar tai parduodama?

5 - 6

Take them with you.
Pasiimkite juos su savimi.

5 - 7

My back itches.
Man niežti nugarą.

Week 5

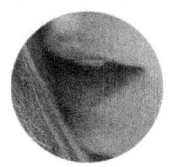

Level 1

6 - 1
She was very brave.
Ji buvo labai drąsi.

6 - 2
How do I know that?
Iš kur aš tai žinau?

6 - 3
Is the shop open?
Ar parduotuvė atidaryta?

6 - 4
This cake is yummy.
Šis pyragas yra skanus.

6 - 5
He's a good person.
Jis yra geras žmogus.

6 - 6
I waited two days.
Laukiau dvi dienas.

6 - 7
What's wrong?
Kas atsitiko?

Week 6

I SPEAK LITHUANIAN LEVEL 1 AND 2

COMMON LITHUANIAN WORDS IN CONTEXT FOR FLASH CARDS

Level 2

7 - 1

You can try it.
Galite pabandyti.

7 - 2

That's all right.
Gerai.

7 - 3

I will not buy it.
Aš jos nepirksiu.

7 - 4

I love dogs.
Myliu šunis.

7 - 5

I'll take them all.
Aš juos visus pasiimsiu.

7 - 6

I completely agree.
Visiškai sutinku.

7 - 7

My luggage is lost.
Mano bagažas dingo.

Week 7

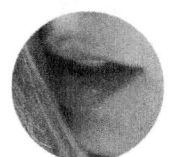

Level 2

8 - 1

I'm finished.
Aš baigiau.

8 - 2

Focus on your goal.
Sutelk dėmesį į savo tikslą.

8 - 3

How do you do?
Kaip tau sekasi?

8 - 4

I feel guilty.
Jaučiuosi kaltas.

8 - 5

Give it to them.
Atiduok jiems.

8 - 6

Is it good for me?
Ar man tai naudinga?

8 - 7

The water is soft.
Vanduo yra minkštas.

Week 8

I SPEAK LITHUANIAN LEVEL 1 AND 2
COMMON LITHUANIAN WORDS IN CONTEXT FOR FLASH CARDS

Level 2

9 - 1

Look up.
Pakelk akis.

9 - 2

He is a dentist.
Jis yra odontologas.

9 - 3

My room is small.
Mano kambarys mažas.

9 - 4

He believes in God.
Jis tiki Dievu.

9 - 5

Let me help you.
Leiskite man jums padėti.

9 - 6

Put out the fire.
Užgesinkite ugnį.

9 - 7

Next, you.
Toliau - tu.

Week 9

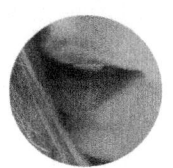

Level 2

10 - 1

Then, you.
Tada jūs.

10 - 2

I have a backache.
Man skauda nugarą.

10 - 3

Stop the car.
Sustabdyk automobilį.

10 - 4

John, this is Mary.
Džonai, tai Marija.

10 - 5

Are you joking?
Ar tu juokauji?

10 - 6

I love my father.
Myliu savo tėvą.

10 - 7

Oh, my god. Really?
Dieve mano. Tikrai?

Week 10

Level 2

11 - 1

I get up at 6.30.
Keliuosi 6.30 val.

11 - 2

He speaks clearly.
Jis kalba aiškiai.

11 - 3

The server is down.
Serveris neveikia.

11 - 4

This way please.
Prašau, eikite šituo keliu.

11 - 5

All are fine.
Viskas gerai.

11 - 6

Don't beat him.
Nemuškite jo.

11 - 7

It's too loose.
Per daug laisva.

Week 11

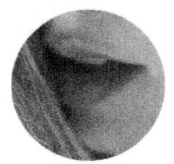

Level 2

12 - 1

How is your sister?
Kaip tavo sesuo?

12 - 2

I feel very tired.
Jaučiuosi labai pavargęs.

12 - 3

Go!
Pirmyn!

12 - 4

Show me our sales.
Parodyk man mūsų pardavimus.

12 - 5

He's not arrogant.
Jis nėra arogantiškas.

12 - 6

It is quite tasty.
Ji yra gana skani.

12 - 7

How have you been?
Kaip tau sekėsi?

Week 12

Level 3

13 - 1

He came here.
Jis atėjo čia.

13 - 2

Ask him directly.
Paklauskite jo tiesiogiai.

13 - 3

How is everyone?
Kaip sekasi visiems?

13 - 4

He's still single.
Jis vis dar vienišas.

13 - 5

Safe trip!
Saugi kelionė!

13 - 6

He's a nasty man.
Jis bjaurus vyras.

13 - 7

I am retired.
Esu pensininkė.

Week 13

Level 3

14 - 1

Fit as a fiddle.
Tinkamas kaip smuikas.

14 - 2

Any questions?
Kokie nors klausimai?

14 - 3

I am in pain.
Man skauda.

14 - 4

I paid my car tax.
Sumokėjau automobilio mokestį.

14 - 5

My nose is itchy.
Man niežti nosį.

14 - 6

He is in debt.
Jis yra skolingas.

14 - 7

Is he a teacher?
Ar jis yra mokytojas?

Week 14

Level 3

15 - 1

Why did he come?
Kodėl jis atėjo?

15 - 2

He has gone out.
Jis išėjo į lauką.

15 - 3

He came by bus.
Jis atvyko autobusu.

15 - 4

I am a teacher.
Aš esu mokytojas.

15 - 5

Read the paragraph.
Perskaitykite pastraipą.

15 - 6

You look pale.
Tu atrodai išblyškęs.

15 - 7

Put on your shirt.
Apsivilkite marškinėlius.

Week 15

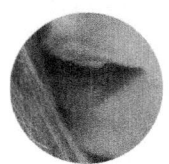

Level 3

16 - 1

The rain stopped.
Lietus nustojo lyti.

16 - 2

It's okay.
Viskas gerai.

16 - 3

I am outspoken.
Esu atviras.

16 - 4

Sounds great.
Skamba puikiai.

16 - 5

Who are you?
Kas tu esi?

16 - 6

The sun is glaring.
Saulė spigina.

16 - 7

Here's my ID.
Štai mano asmens tapatybės kortelė.

Week 16

Level 3

17 - 1
Don't tell lies.
Nemeluok.

17 - 2
Practice first aid.
Praktikuokitės teikti pirmąją pagalbą.

17 - 3
You're kidding.
Jūs juokaujate.

17 - 4
The house is roomy.
Namas yra erdvus.

17 - 5
She's very pretty.
Ji labai graži.

17 - 6
I go by train.
Važiuoju traukiniu.

17 - 7
I'm frightened.
Aš bijau.

Week 17

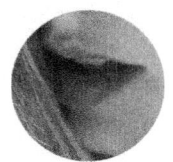

Level 3

18 - 1

It's been so cold.
Buvo taip šalta.

18 - 2

He's changed a lot.
Jis labai pasikeitė.

18 - 3

It is very cold.
Tai labai šalta.

18 - 4

I'm thirty.
Man trisdešimt.

18 - 5

It wasn't me.
Tai nebuvau aš.

18 - 6

I read your book.
Perskaičiau tavo knygą.

18 - 7

Just stay there.
Tiesiog pasilikite ten.

Week 18

Level 4

19 - 1
How do you manage?
Kaip tau sekasi?

19 - 2
I'm learning judo.
Aš mokausi dziudo.

19 - 3
He's older than me.
Jis vyresnis už mane.

19 - 4
Can I sit here?
Ar galiu čia pasėdėti?

19 - 5
All the best, bye.
Viso gero, iki pasimatymo.

19 - 6
Now I've got to go.
Dabar turiu eiti.

19 - 7
Did he award him?
Ar jis jį apdovanojo?

Week 19

Level 4

20 - 1
His car is new.
Jo automobilis naujas.

20 - 2
I work from home.
Dirbu iš namų.

20 - 3
Glad to meet you.
Džiaugiuosi galėdamas su jumis susitikti.

20 - 4
I can't move.
Negaliu judėti.

20 - 5
That is okay.
Viskas gerai.

20 - 6
I love summer.
Man patinka vasara.

20 - 7
I got it.
Turiu.

Week 20

Level 4

21 - 1
Take care.
Saugokitės.

21 - 2
The bill, please.
Sąskaitą, prašom.

21 - 3
Of course.
Žinoma.

21 - 4
I like dogs a lot.
Man labai patinka šunys.

21 - 5
It's was nothing.
Tai buvo nieko.

21 - 6
It is direct?
Ar tai tiesiogiai?

21 - 7
How is this cooked?
Kaip tai paruošta?

Week 21

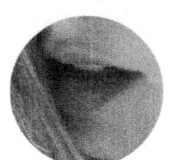

Level 4

22 - 1

Let's begin.
Pradėkime.

22 - 2

It hurts.
Man skauda.

22 - 3

What a nice dress.
Kokia graži suknelė.

22 - 4

Let's go to bed.
Eikime į lovą.

22 - 5

Don't rush me.
Neskubink manęs.

22 - 6

Where do you work?
Kur dirbate?

22 - 7

What does it mean?
Ką ji reiškia?

Week 22

I SPEAK LITHUANIAN LEVEL 1 AND 2
COMMON LITHUANIAN WORDS IN CONTEXT FOR FLASH CARDS

Level 4

23 - 1

I don't get it.
Aš to nesuprantu.

23 - 2

Do the home work.
Atlikite namų ruošos darbus.

23 - 3

I don't agree.
Aš nesutinku.

23 - 4

It's hot.
Karšta.

23 - 5

It's stifling hot.
Dusinamai karšta.

23 - 6

She has big legs.
Ji turi dideles kojas.

23 - 7

Is this your bag?
Ar tai jūsų krepšys?

Week 23

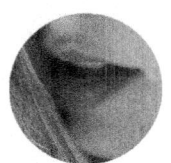

Level 4

24 - 1

Don't disturb me.
Netrukdyk man.

24 - 2

I didn't mean to.
Aš nenorėjau.

24 - 3

Any ideas?
Ką nors sugalvojote?

24 - 4

How was your day?
Kaip praėjo jūsų diena?

24 - 5

It was my mistake.
Tai buvo mano klaida.

24 - 6

You may now go.
Dabar galite eiti.

24 - 7

It's yummy.
Skanu.

Week 24

Level 5

25 - 1

He's an actor.
Jis yra aktorius.

25 - 2

May I have a fork?
Ar galiu gauti šakutę?

25 - 3

Next is your turn.
Dabar tavo eilė.

25 - 4

See you tomorrow.
Iki pasimatymo rytoj.

25 - 5

Hi. I'm Cindy.
Sveiki. Aš esu Sindija.

25 - 6

Dry your hair well.
Gerai išdžiovink plaukus.

25 - 7

He is a good cook.
Jis yra geras virėjas.

Week 25

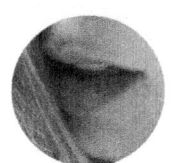

Level 5

26 - 1

Does the dog bite?
Ar šuo įkando?

26 - 2

I'm truly sorry.
Aš tikrai atsiprašau.

5/26

26 - 3

I am a nurse.
Aš esu slaugytoja.

26 - 4

Be careful.
Būkite atsargūs.

26 - 5

Please keep quiet.
Prašau tylėti.

26 - 6

Here you go.
Štai taip.

26 - 7

Stay with me.
Pasilik su manimi.

Week 26

Level 5

27 - 1

I feel dizzy.
Jaučiuosi apsvaigęs.

27 - 2

They shook hands.
Jie paspaudė vienas kitam rankas.

27 - 3

Her face is pale.
Jos veidas išblyškęs.

27 - 4

Roses smell sweet.
Rožės kvepia saldžiai.

27 - 5

It's ten o'clock.
Jau dešimta valanda.

27 - 6

She has blue eyes.
Ji turi mėlynas akis.

27 - 7

Help! Shark attack!
Padėkite! Ryklys puola!

Week 27

I SPEAK LITHUANIAN LEVEL 1 AND 2
COMMON LITHUANIAN WORDS IN CONTEXT FOR FLASH CARDS

Level 5

28 - 1
Please sit there.
Prašome atsisėsti čia.

28 - 2
It looks great!
Atrodo puikiai!

28 - 3
Enjoy your meal!
Mėgaukitės maistu!

28 - 4
Insert card here.
Įdėkite čia kortelę.

28 - 5
Long time no see.
Ilgai nesimatėme.

28 - 6
Pork is delicious.
Kiauliena yra skani.

28 - 7
It's a great shame.
Tai didelė gėda.

Week 28

Level 5

29 - 1

Bye.
Iki pasimatymo.

29 - 2

They have guns.
Jie turi ginklų.

29 - 3

Don't mention it.
Nekalbėk apie tai.

29 - 4

I am Mary.
Aš esu Marija.

29 - 5

Get enough sleep.
Išsimiegok.

29 - 6

He is out of town.
Jis yra išvykęs iš miesto.

29 - 7

Enjoy your stay!
Mėgaukitės viešnage!

Week 29

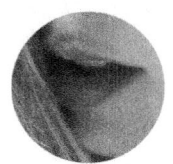

Level 5

30 - 1

This is a secret.
Tai yra paslaptis.

30 - 2

My camera broke.
Mano fotoaparatas sugedo.

30 - 3

Are you on time?
Ar esate laiku?

30 - 4

Does he complain?
Ar jis skundžiasi?

30 - 5

Her baby is cute.
Jos kūdikis yra mielas.

30 - 6

How did he come?
Kaip jis atėjo?

30 - 7

I see.
Matau.

Week 30

Level 6

31 - 1

I love my job.
Man patinka mano darbas.

31 - 2

What did you do?
Ką jūs padarėte?

31 - 3

Please stand up.
Prašau atsistoti.

31 - 4

Forget the past.
Pamirškite praeitį.

31 - 5

The road is closed.
Kelias uždarytas.

31 - 6

I miss you.
Man tavęs trūksta.

31 - 7

She's in the movie.
Ji vaidina filme.

Week 31

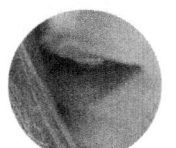

Level 6

32 - 1

I live on my own.
Gyvenu vienas.

32 - 2

That's a good idea.
Gera idėja.

32 - 3

It's your mistake.
Tai tavo klaida.

32 - 4

It's my fault.
Tai mano kaltė.

32 - 5

Who will help you?
Kas jums padės?

32 - 6

What a pity.
Kaip gaila.

32 - 7

He is fine.
Jam viskas gerai.

Week 32

Level 6

33 - 1
He used to be poor.
Anksčiau jis buvo neturtingas.

33 - 2
Yes, I've got one.
Taip, aš ją turiu.

33 - 3
Do not iron.
Neišlyginkite.

33 - 4
How is your mother?
Kaip tavo motina?

33 - 5
Exactly.
Būtent.

33 - 6
Are you alright?
Ar jums viskas gerai?

33 - 7
Are you ready?
Ar esate pasiruošęs?

Week 33

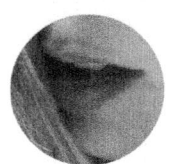

Level 6

34 - 1

It's very unlikely.
Tai labai mažai tikėtina.

34 - 2

He laughed loudly.
Jis garsiai juokėsi.

34 - 3

How about water?
Kaip dėl vandens?

34 - 4

Just a moment.
Tik akimirką.

34 - 5

Did you call me?
Ar tu man paskambinai?

34 - 6

It's too expensive.
Tai per brangu.

34 - 7

Go and get dressed.
Eikite ir apsirenkite.

Week 34

Level 6

35 - 1
Good morning.
Labas rytas.

35 - 2
Do not wash.
Neplaukite.

35 - 3
He has a car.
Jis turi automobilį.

35 - 4
I have no choice.
Neturiu pasirinkimo.

35 - 5
Sure.
Žinoma.

35 - 6
I'm sorry, I can't.
Atsiprašau, aš negaliu.

35 - 7
Could you repeat?
Ar galėtumėte pakartoti?

Week 35

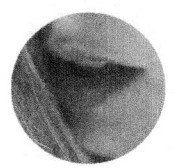

Level 6

36 - 1

This dance is easy.
Šis šokis yra lengvas.

36 - 2

I'm unemployed.
Esu bedarbis.

36 - 3

He joined our team.
Jis prisijungė prie mūsų komandos.

36 - 4

Call an ambulance.
Iškvieskite greitąją pagalbą.

36 - 5

You can't.
Tu negali.

36 - 6

He's a taxi driver.
Jis yra taksi vairuotojas.

36 - 7

I have the flu.
Sergu gripu.

Week 36

Level 7

37 - 1

The water is hard.
Vanduo yra kietas.

37 - 2

Is the story real?
Ar istorija tikra?

37 - 3

Do not open.
Neatidarinėk.

37 - 4

You are beautiful.
Tu esi graži.

37 - 5

I have no change.
Neturiu grąžos.

37 - 6

My mother sighed.
Mama atsiduso.

37 - 7

She is a bad woman.
Ji yra bloga moteris.

Week 37

Level 7

38 - 1

I feel sleepy.
Jaučiuosi mieguistas.

38 - 2

Don't go near him!
Nesiartinkite prie jo!

38 - 3

You must not.
Negalima.

38 - 4

Pedestrian bridge.
Pėsčiųjų tiltas.

38 - 5

She's tall.
Ji aukšta.

38 - 6

Here is the bill.
Čia yra sąskaita.

38 - 7

Excuse me.
Atsiprašau.

Week 38

Level 7

39 - 1
Reduce the volume.
Sumažinkite garsą.

39 - 2
What day is today?
Kokia šiandien diena?

39 - 3
I'll ride there.
Aš ten važiuosiu.

39 - 4
I live in London.
Gyvenu Londone.

39 - 5
No, thanks.
Ne, ačiū.

39 - 6
She reacted well.
Ji gerai reagavo.

39 - 7
She is bleeding.
Ji kraujuoja.

Week 39

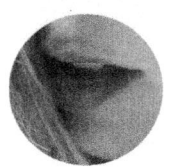

Level 7

40 - 1

Sure. I'll come.
Žinoma. Aš ateisiu.

40 - 2

I am fine.
Man viskas gerai.

40 - 3

Sea water is salty.
Jūros vanduo yra sūrus.

40 - 4

Is the seat vacant?
Ar vieta laisva?

40 - 5

I have to go now.
Turiu eiti dabar.

40 - 6

What about you?
O tu?

40 - 7

I was kidnapped.
Mane pagrobė.

Week 40

I SPEAK LITHUANIAN LEVEL 1 AND 2
COMMON LITHUANIAN WORDS IN CONTEXT FOR FLASH CARDS

Level 7

41 - 1

I have a scooter.
Turiu motorolerį.

41 - 2

I have a car.
Turiu automobilį.

41 - 3

He turned the page.
Jis atsivertė puslapį.

41 - 4

It's cloudy today.
Šiandien debesuota.

41 - 5

Bless you!
Telaimina tave!

41 - 6

What will you do?
Ką darysite?

41 - 7

My pleasure.
Man malonu.

Week 41

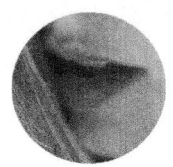

Level 7

42 - 1

See you next time.
Iki pasimatymo kitą kartą.

42 - 2

Please forgive me.
Prašau man atleisti.

42 - 3

He's incapable.
Jis nepajėgus.

42 - 4

What's new?
Kas naujo?

42 - 5

My soup is cold.
Mano sriuba šalta.

42 - 6

Go straight on.
Eik tiesiai.

42 - 7

The weather is hot.
Oras karštas.

Week 42

Level 8

43 - 1

A roll of tissue.
Audinių ritinėlis.

43 - 2

Follow this road.
Sekite šiuo keliu.

43 - 3

I bought one book.
Nusipirkau vieną knygą.

43 - 4

How is life?
Kaip gyveni?

43 - 5

That's not right.
Tai negerai.

43 - 6

He owes me one.
Jis man skolingas.

43 - 7

I'm sorry I'm late.
Atsiprašau, kad vėluoju.

Week 43

Level 8

44 - 1

Hold on tight.
Tvirtai laikykis.

44 - 2

No big thing.
Nieko rimto.

44 - 3

How is the movie?
Kaip filmas?

44 - 4

Have a drink.
Išgerkite gėrimo.

44 - 5

I am on a diet.
Aš laikausi dietos.

44 - 6

Let it go.
Leiskite jam eiti.

44 - 7

I can't get out.
Aš negaliu išeiti.

Week 44

I SPEAK LITHUANIAN LEVEL 1 AND 2
COMMON LITHUANIAN WORDS IN CONTEXT FOR FLASH CARDS

Level 8

45 - 1

I've got to go now.
Turiu eiti dabar.

45 - 2

Everybody is fine.
Visiems viskas gerai.

8/26

45 - 3

She said so.
Ji taip pasakė.

45 - 4

I love my family.
Myliu savo šeimą.

45 - 5

Is the story true?
Ar istorija tikra?

45 - 6

Get lost.
Pasiklyskite.

45 - 7

Happy Holidays!
Su šventėmis!

Week 45

Level 8

46 - 1

I like dogs.
Man patinka šunys.

46 - 2

It's Monday again.
Vėl pirmadienis.

46 - 3

Do not disturb.
Netrukdykite.

46 - 4

It's your decision.
Tai jūsų sprendimas.

46 - 5

See you later.
Pasimatysime vėliau.

46 - 6

3 is an odd number.
3 yra nelyginis skaičius.

46 - 7

I peeled a carrot.
Nulupau morką.

Week 46

Level 8

47 - 1

I'm on holiday.
Aš atostogauju.

47 - 2

My shoes got dirty.
Mano batai susitepė.

47 - 3

He is my husband.
Jis yra mano vyras.

47 - 4

Will you marry me?
Ar tu už manęs ištekėsi?

47 - 5

I have a headache.
Man skauda galvą.

47 - 6

Is John in?
Ar Džonas yra namie?

47 - 7

Merry Christmas!
Linksmų Kalėdų!

Week 47

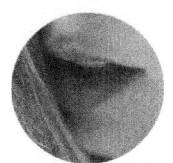

Level 8

48 - 1
Shall I make tea?
Ar man paruošti arbatos?

48 - 2
A dash of pepper.
Pipirų brūkštelėjimas.

48 - 3
My father yawned.
Mano tėvas žiovavo.

48 - 4
It's pay day!
Tai atlyginimo diena!

48 - 5
Open for residents.
Atidaryta gyventojams.

48 - 6
Brilliant idea!
Puiki idėja!

48 - 7
It's too long.
Jis per ilgas.

Week 48

Level 9

49 - 1

Eat slowly.
Valgykite lėtai.

49 - 2

Drink your coffee.
Išgerkite kavos.

49 - 3

I hate cigarettes.
Nekenčiu cigarečių.

49 - 4

Sure, go ahead.
Žinoma, pradėkite.

49 - 5

I'm really sorry.
Man labai gaila.

49 - 6

I love cooking.
Man patinka gaminti maistą.

49 - 7

Whatever you want.
Ką tik norite.

Week 49

Level 9

50 - 1

It's midnight.
Dabar vidurnaktis.

50 - 2

Is he running?
Ar jis bėgioja?

50 - 3

Before you begin.
Prieš pradėdami.

50 - 4

Describe yourself.
Apibūdinkite save.

50 - 5

Let's talk calmly.
Pasikalbėkime ramiai.

50 - 6

I missed the bus.
Pavėlavau į autobusą.

50 - 7

Great, thanks.
Puiku, ačiū.

Week 50

Level 9

51 - 1
The line is busy.
Linija užimta.

51 - 2
I like old cars.
Man patinka seni automobiliai.

51 - 3
Nice to meet you.
Malonu susipažinti.

51 - 4
I want new shoes.
Noriu naujų batų.

51 - 5
No, I don't mind.
Ne, aš neprieštarauju.

51 - 6
Take a deep breath.
Giliai įkvėpk.

51 - 7
Best wishes.
Geriausi linkėjimai.

Week 51

Level 9

52 - 1

Thanks so much.
Labai ačiū.

52 - 2

He's courageous.
Jis drąsus.

52 - 3

Welcome home.
Sveiki atvykę namo.

9/26

52 - 4

First, you.
Pirmiausia tu.

52 - 5

I have been mugged.
Mane apiplėšė.

52 - 6

How do I go about?
Kaip man eiti toliau?

52 - 7

Next please.
Toliau prašom.

Week 52

I SPEAK LITHUANIAN LEVEL 1 AND 2
COMMON LITHUANIAN WORDS IN CONTEXT FOR FLASH CARDS

Level 9

53 - 1
Well, shall we go?
Na, ar eisime?

53 - 2
Do what you like.
Daryk tai, kas tau patinka.

53 - 3
Incredible.
Neįtikėtina.

53 - 4
Don't move!
Nejudėk!

53 - 5
I have a toothache.
Man skauda dantį.

53 - 6
You can do it!
Jūs galite tai padaryti!

53 - 7
Heat the pan.
Įkaitinkite keptuvę.

Week 53

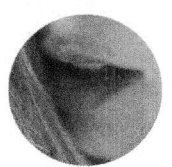

Level 9

54 - 1

Yes, sir!
Taip, pone!

54 - 2

Don't make noise.
Nekelk triukšmo.

54 - 3

Are you with me?
Ar esi su manimi?

54 - 4

It's not true.
Tai netiesa.

54 - 5

Is it raining?
Ar lyja lietus?

54 - 6

I feel nauseous.
Mane pykina.

54 - 7

I found a new job.
Aš susiradau naują darbą.

Week 54

Level 10

55 - 1

What do you mean?
Ką turite omenyje?

55 - 2

It's not my fault.
Tai ne mano kaltė.

55 - 3

I go to a gym.
Einu į sporto salę.

55 - 4

It sounds good.
Jis gerai skamba.

55 - 5

It's warm.
Šilta.

55 - 6

Cheers!
Į sveikatą!

55 - 7

A pinch of salt.
Žiupsnelį druskos.

Week 55

Level 10

56 - 1

I feel hungry.
Jaučiuosi alkanas.

56 - 2

She is cold.
Jai šalta.

56 - 3

It's five to five.
Jau nuo penkių iki penkių.

56 - 4

Thanks.
Ačiū.

56 - 5

A sprig of parsley.
Petražolių šakelė.

56 - 6

Are you not well?
Ar jums blogai?

56 - 7

I'll join you.
Prisijungsiu prie jūsų.

Week 56

I SPEAK LITHUANIAN LEVEL 1 AND 2
COMMAN LITHUANIAN WORDS IN CONTEXT FOR FLASH CARDS

Level 10

57 - 1
Turn right.
Pasukite į dešinę.

57 - 2
He's a fine man.
Jis puikus vyras.

57 - 3
Good afternoon.
Laba diena.

57 - 4
Can you hear me OK?
Ar gerai mane girdite?

57 - 5
Are you awake?
Ar jūs prabudote?

57 - 6
I'm lost.
Aš pasiklydau.

57 - 7
Don't confuse me.
Nepainiok manęs.

Week 57

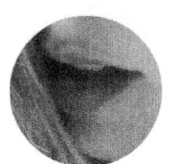

Level 10

58 - 1

I am out for lunch.
Aš išėjau pietauti.

58 - 2

I forgave him.
Aš jam atleidau.

58 - 3

She had surgery.
Jai buvo atlikta operacija.

58 - 4

The boss is coming.
Atvažiuoja viršininkas.

58 - 5

He is hungry.
Jis yra alkanas.

58 - 6

I can do it.
Aš galiu tai padaryti.

58 - 7

I'm angry about.
Aš pykstu dėl to.

Week 58

Level 10

59 - 1
He's a nice guy.
Jis malonus vaikinas.

59 - 2
She smiled at me.
Ji nusišypsojo man.

59 - 3
This is my fiancé.
Tai mano sužadėtinis.

59 - 4
Good to see you.
Malonu tave matyti.

59 - 5
You're hired.
Tu esi atleistas iš darbo.

59 - 6
Is this seat taken?
Ar ši vieta užimta?

59 - 7
I did my best.
Aš padariau viską, ką galėjau.

Week 59

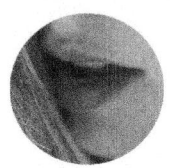

Level 10

60 - 1

Have a nice day!
Geros dienos!

60 - 2

A sheet of pastry.
Tešlos lakštas.

60 - 3

This bag is heavy.
Šis krepšys yra sunkus.

60 - 4

A table for two?
Staliuką dviem?

60 - 5

Keep yourself cool.
Išlikite šaltakraujiškas.

60 - 6

What should I do?
Ką turėčiau daryti?

60 - 7

I've been attacked.
Mane užpuolė.

Week 60

Level 11

61 - 1

Can I travel?
Ar galiu keliauti?

61 - 2

Do not cross.
Nekirskite.

61 - 3

What is this?
Kas tai?

61 - 4

Fine.
Gerai.

61 - 5

I love tomatoes.
Man patinka pomidorai.

61 - 6

It's for a present.
Tai skirta dovanai.

61 - 7

Repeat after me.
Pakartokite po manęs.

Week 61

Level 11

62 - 1

I keep my promise.
Aš laikausi savo pažado.

62 - 2

He's rich.
Jis turtingas.

62 - 3

My car is broken.
Mano automobilis sugedo.

62 - 4

Yes, I'd love too.
Taip, aš taip pat norėčiau.

62 - 5

He felt miserable.
Jis jautėsi nelaimingas.

62 - 6

Me too.
Aš taip pat.

62 - 7

She despised him.
Ji jį niekino.

Week 62

I SPEAK LITHUANIAN LEVEL 1 AND 2
COMMON LITHUANIAN WORDS IN CONTEXT FOR FLASH CARDS

Level 11

63 - 1

I love to eat.
Man patinka valgyti.

63 - 2

Do you understand?
Ar supranti?

63 - 3

No, I'd rather not.
Ne, verčiau ne.

63 - 4

What's that?
Kas tai?

63 - 5

Turn around.
Apsisukite.

63 - 6

She's feminine.
Ji moteriška.

63 - 7

Good luck to you.
Sėkmės jums.

Week 63

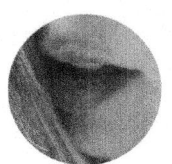

Level 11

64 - 1

I like oranges.
Man patinka apelsinai.

64 - 2

Jump at the chance.
Pasinaudok proga.

64 - 3

Don't talk to me.
Nekalbėk su manimi.

11/26

64 - 4

The house is big.
Namas didelis.

64 - 5

I feel sick today.
Šiandien jaučiuosi blogai.

64 - 6

I don't fell well.
Aš blogai kritau.

64 - 7

I am very strict.
Esu labai griežtas.

Week 64

Level 11

65 - 1

He's a cunning man.
Jis gudrus žmogus.

65 - 2

Is she your sister?
Ar ji tavo sesuo?

65 - 3

What's the matter?
Kas tau rūpi?

65 - 4

It looks delicious.
Atrodo skaniai.

65 - 5

My feel hurt.
Man skauda.

65 - 6

Can I have one?
Ar galiu gauti vieną?

65 - 7

I'm hungry.
Esu alkanas.

Week 65

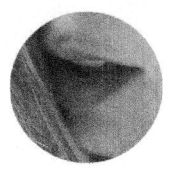

Level 11

66 - 1

I apologize for.
Aš atsiprašau.

66 - 2

I belong to Oxford.
Aš priklausau Oksfordui.

66 - 3

Welcome to Japan.
Sveiki atvykę į Japoniją.

66 - 4

Wake him up.
Pažadink jį.

66 - 5

Sorry for my fault.
Atsiprašau dėl savo kaltės.

66 - 6

I'll check.
Patikrinsiu.

66 - 7

You're right.
Jūs esate teisus.

Week 66

I SPEAK LITHUANIAN LEVEL 1 AND 2
COMMON LITHUANIAN WORDS IN CONTEXT FOR FLASH CARDS

Level 12

67 - 1

Is this organic?
Ar tai ekologiška?

67 - 2

I'll be back.
Aš grįšiu.

67 - 3

Yes, I am certain.
Taip, esu tikra.

67 - 4

Return it safely.
Saugiai jį grąžinkite.

67 - 5

It's cold.
Man šalta.

67 - 6

She left a message.
Ji paliko žinutę.

67 - 7

His legs are short.
Jo kojos trumpos.

Week 67

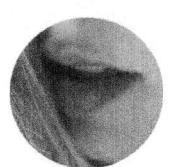

Level 12

68 - 1

Fantastic.
Nuostabu.

68 - 2

Yes, I'd love to.
Taip, labai norėčiau.

68 - 3

He's a loser.
Jis yra nevykėlis.

68 - 4

What a letdown.
Koks nuvilnijimas.

68 - 5

He looked at me.
Jis pažvelgė į mane.

68 - 6

Don't do it again.
Daugiau to nedarykite.

68 - 7

I loathe ironing.
Nekenčiu lyginimo.

Week 68

I SPEAK LITHUANIAN LEVEL 1 AND 2
COMMON LITHUANIAN WORDS IN CONTEXT FOR FLASH CARDS

Level 12

69 - 1

It is forbidden to.
Draudžiama.

69 - 2

Have dinner.
Pavakarieniaukite.

69 - 3

Who cares.
Kam tai rūpi.

69 - 4

Our cat is a male.
Mūsų katė yra patinas.

69 - 5

Hello everyone.
Sveiki visi.

69 - 6

Are you sure?
Ar tikrai?

69 - 7

What's the time?
Koks laikas?

Week 69

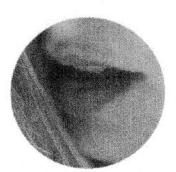

I SPEAK LITHUANIAN LEVEL 1 AND 2
COMMON LITHUANIAN WORDS IN CONTEXT FOR FLASH CARDS

Level 12

70 - 1

It is very far.
Labai toli.

70 - 2

Let's go home.
Eime namo.

70 - 3

Raise your pencils.
Pakelkite pieštukus.

70 - 4

Just stay focused.
Tiesiog būk susikaupęs.

70 - 5

Start the engine.
Užveskite variklį.

70 - 6

The bus is leaving.
Autobusas išvažiuoja.

70 - 7

I will take a bath.
Aš išsimaudysiu vonioje.

Week 70

Level 12

71 - 1
My name is John.
Mano vardas yra Džonas.

71 - 2
Please come closer.
Prašom prieiti arčiau.

71 - 3
This is my house.
Tai mano namai.

71 - 4
I work at a bank.
Aš dirbu banke.

71 - 5
I study philosophy.
Studijuoju filosofiją.

71 - 6
This road is bumpy.
Šis kelias yra nelygus.

71 - 7
You are all set.
Jūs jau esate pasiruošę.

Week 71

I SPEAK LITHUANIAN LEVEL 1 AND 2
COMMON LITHUANIAN WORDS IN CONTEXT FOR FLASH CARDS

Level 12

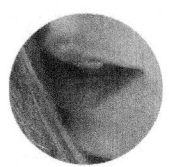

72 - 1

Why should I care?
Kodėl man tai turėtų rūpėti?

72 - 2

Please stop joking.
Prašome nustoti juokauti.

72 - 3

He's studying now.
Jis dabar mokosi.

72 - 4

These shoes fit me.
Šie batai man tinka.

72 - 5

Who's speaking?
Kas kalba?

72 - 6

Julia is my sister.
Julija yra mano sesuo.

72 - 7

Is this book good?
Ar ši knyga gera?

Week 72

I SPEAK LITHUANIAN LEVEL 1 AND 2
COMMON LITHUANIAN WORDS IN CONTEXT FOR FLASH CARDS

Level 13

73 - 1

Did I ask you?
Ar aš tavęs klausiau?

73 - 2

She's greedy.
Ji godi.

73 - 3

Are you tired?
Ar esate pavargęs?

73 - 4

What did you buy?
Ką nusipirkai?

73 - 5

Mince the garlic.
Susmulkink česnaką.

73 - 6

You're so sweet.
Jūs toks mielas.

73 - 7

Too bad.
Labai blogai.

Week 73

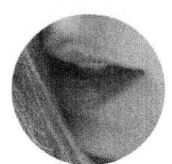

Level 13

74 - 1

Watch your mouth.
Saugok savo burną.

74 - 2

He is unconscious.
Jis yra be sąmonės.

74 - 3

I can help you.
Galiu jums padėti.

74 - 4

Nice day, isn't it?
Graži diena, ar ne?

74 - 5

Sorry to say that.
Atsiprašau, kad taip sakau.

74 - 6

Meet me tomorrow.
Susitikime rytoj.

74 - 7

Please hold on.
Prašau, laikykis.

Week 74

I SPEAK LITHUANIAN LEVEL 1 AND 2
COMMON LITHUANIAN WORDS IN CONTEXT FOR FLASH CARDS

Level 13

75 - 1

He had indigestion.
Jis turėjo virškinimo sutrikimų.

75 - 2

I am fine and you?
Man viskas gerai, o tau?

75 - 3

I don't care.
Man tai nerūpi.

75 - 4

I don't like him.
Man jis nepatinka.

75 - 5

He's very popular.
Jis labai populiarus.

75 - 6

The meat is cooked.
Mėsa yra iškepta.

75 - 7

I fed the dog.
Aš šėriau šunį.

Week 75

Level 13

76 - 1

Don't get angry.
Nebūk piktas.

76 - 2

He came by car.
Jis atvyko automobiliu.

76 - 3

Mind your business.
Rūpinkitės savo reikalais.

76 - 4

He has no time.
Jis neturi laiko.

76 - 5

This is my husband.
Tai mano vyras.

76 - 6

He's short.
Jis trumpas.

76 - 7

Thanks, I'll do it.
Ačiū, aš tai padarysiu.

Week 76

Level 13

77 - 1

Please call a taxi.
Prašom iškviesti taksi.

77 - 2

It's pouring.
Ji liejasi.

77 - 3

Switch off the T.V.
Išjunkite televizorių.

77 - 4

She has fat legs.
Ji turi storas kojas.

77 - 5

Can you hear me?
Ar girdite mane?

77 - 6

I'm very sorry.
Man labai gaila.

77 - 7

Let's go slowly.
Važiuokime lėtai.

Week 77

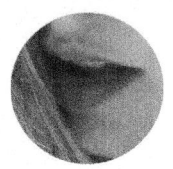

Level 13

78 - 1
I just love summer.
Man tiesiog patinka vasara.

78 - 2
I feel powerful.
Jaučiuosi galingas.

78 - 3
This is my friend.
Tai mano draugas.

78 - 4
He sold the house.
Jis pardavė namą.

78 - 5
Why do you worry?
Kodėl jūs nerimaujate?

78 - 6
A kilo of fish.
Kilogramas žuvies.

78 - 7
What day is it?
Kokia šiandien diena?

Week 78

I SPEAK LITHUANIAN LEVEL 1 AND 2

COMMON LITHUANIAN WORDS IN CONTEXT FOR FLASH CARDS

Level 14

79 - 1

What is his name?
Koks jo vardas?

79 - 2

The child woke up.
Vaikas prabudo.

79 - 3

I pickup very fast.
Aš labai greitai pasiimu.

79 - 4

My sister is kind.
Mano sesuo yra maloni.

79 - 5

The last step is.
Paskutinis žingsnis yra.

79 - 6

Enter.
Įeikite.

79 - 7

I'm thirsty.
Esu ištroškęs.

Week 79

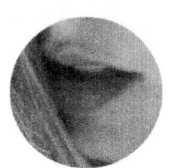

Level 14

80 - 1

Best regards.
Su geriausiais linkėjimais.

80 - 2

He doesn't smoke.
Jis nerūko.

80 - 3

With pleasure.
Su malonumu.

80 - 4

I hate tests.
Nekenčiu testų.

80 - 5

Best of luck.
Sėkmės.

80 - 6

Have a good time.
Gerai praleiskite laiką.

80 - 7

How late is it?
Kiek vėlu?

Week 80

I SPEAK LITHUANIAN LEVEL 1 AND 2

COMMON LITHUANIAN WORDS IN CONTEXT FOR FLASH CARDS

Level 14

81 - 1

Mind your tongue.
Saugok savo liežuvį.

81 - 2

She shed tears.
Ji lieja ašaras.

81 - 3

The bath is ready.
Vonia jau paruošta.

81 - 4

Which is your bag?
Kuris yra tavo krepšys?

81 - 5

Don't be late.
Nevėluok.

81 - 6

I am bold.
Aš esu drąsus.

81 - 7

Ice is a solid.
Ledas yra kietas kūnas.

Week 81

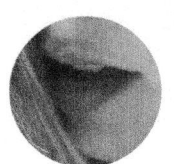

Level 14

82 - 1

I dyed my hair red.
Nusidažiau plaukus raudonai.

82 - 2

Please hurry!
Prašau, paskubėkite!

82 - 3

I like this bag.
Man patinka šis krepšys.

82 - 4

It's twelve thirty.
Jau dvylika trisdešimt.

82 - 5

Go ahead.
Pirmyn.

82 - 6

Never mind.
Nesvarbu.

82 - 7

What is he?
Kas jis?

Week 82

Level 14

83 - 1
How can I help you?
Kuo galiu tau padėti?

83 - 2
He is doing fine.
Jam sekasi gerai.

83 - 3
I'm a little tired.
Esu šiek tiek pavargęs.

83 - 4
Can I help you?
Ar galiu jums padėti?

83 - 5
I inhaled dust.
Įkvėpiau dulkių.

83 - 6
This is my sister.
Tai mano sesuo.

83 - 7
Have a safe flight!
Saugaus skrydžio!

Week 83

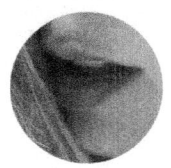

Level 14

84 - 1

I saw his album.
Mačiau jo albumą.

84 - 2

Leave me alone.
Palikite mane ramybėje.

84 - 3

My wallet is empty.
Mano piniginė tuščia.

84 - 4

His voice is soft.
Jo balsas švelnus.

84 - 5

Milk was sold out.
Pienas buvo išparduotas.

84 - 6

His grades went up.
Jo pažymiai pakilo.

84 - 7

What is your name?
Koks tavo vardas?

Week 84

I SPEAK LITHUANIAN LEVEL 1 AND 2

COMMON LITHUANIAN WORDS IN CONTEXT FOR FLASH CARDS

Level 15

85 - 1

You're bleeding.
Jums bėga kraujas.

85 - 2

All right.
Gerai.

85 - 3

I need a doctor.
Man reikia gydytojo.

85 - 4

Stop chattering.
Nustok šnekėti.

85 - 5

I totally disagree.
Visiškai nesutinku.

85 - 6

The moon is waxing.
Mėnulis leidžiasi.

85 - 7

I'll go right away.
Tuoj pat nueisiu.

Week 85

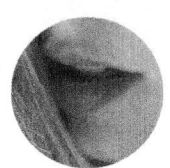

Level 15

86 - 1

Call the nurse.
Paskambink slaugytojai.

86 - 2

A leaf of lettuce.
Salotų lapas.

86 - 3

She's very honest.
Ji labai sąžininga.

86 - 4

It's too short.
Jis per trumpas.

86 - 5

This is my brother.
Tai mano brolis.

86 - 6

What time is it?
Kiek dabar valandų?

86 - 7

Does the dog bark?
Ar šuo loja?

Week 86

I SPEAK LITHUANIAN LEVEL 1 AND 2
COMMON LITHUANIAN WORDS IN CONTEXT FOR FLASH CARDS

Level 15

87 - 1
I had a great time.
Aš puikiai praleidau laiką.

87 - 2
Is he at home?
Ar jis yra namuose?

87 - 3
The earth is round.
Žemė yra apvali.

87 - 4
Pretty well.
Visai gerai.

87 - 5
Would you mind?
Ar tu galėtum neprieštarauti?

87 - 6
Anything else?
Dar kas nors?

87 - 7
No, not at all.
Ne, visai ne.

Week 87

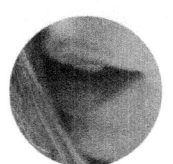

Level 15

88 - 1

How disappointing.
Kaip nusivylęs.

88 - 2

I am an Engineer.
Aš esu inžinierius.

88 - 3

I will try this.
Aš pabandysiu tai padaryti.

88 - 4

How is he doing?
Kaip jam sekasi?

88 - 5

Get up.
Atsistokite.

88 - 6

A pitcher of beer.
Ąsotis alaus.

88 - 7

I have one brother.
Turiu vieną brolį.

Week 88

Level 15

89 - 1
I hate carrots.
Nekenčiu morkų.

89 - 2
This is my boss.
Tai mano viršininkas.

89 - 3
Everyone has flaws.
Kiekvienas žmogus turi trūkumų.

89 - 4
What did you say?
Ką jūs pasakėte?

89 - 5
I'm against it.
Aš esu prieš.

89 - 6
I rarely watch TV.
Retai žiūriu televizorių.

89 - 7
He is my colleague.
Jis yra mano kolega.

Week 89

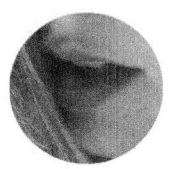

Level 15

90 - 1

He came here alone.
Jis atvyko čia vienas.

90 - 2

The pool is packed.
Baseinas yra pilnas.

90 - 3

Where do you live?
Kur tu gyveni?

90 - 4

I like to be alone.
Man patinka būti vienam.

90 - 5

Sorry. You can't.
Atsiprašau. Jūs negalite.

90 - 6

How is it?
Kaip jis turtingas?

90 - 7

I'm starving.
Aš mirštu iš bado.

Week 90

I SPEAK LITHUANIAN LEVEL 1 AND 2
COMMON LITHUANIAN WORDS IN CONTEXT FOR FLASH CARDS

Level 16

91 - 1

Yes. I have.
Taip. Aš turiu.

91 - 2

Good night.
Geros nakties.

91 - 3

No parking.
Jokių stovėjimo aikštelių.

91 - 4

Stop fighting.
Nustok kovoti.

91 - 5

I have a bad cold.
Aš labai peršalęs.

91 - 6

Yes. Certainly.
Taip. Žinoma.

91 - 7

We're classmates.
Esame klasės draugai.

Week 91

Level 16

92 - 1

I mended it.
Aš jį sutaisiau.

92 - 2

I am so sorry.
Man labai gaila.

92 - 3

It's sunny.
Saulėta.

92 - 4

Don't come near me.
Nesiartink prie manęs.

92 - 5

What do you want?
Ko norite?

92 - 6

Let's take a break.
Padarykime pertrauką.

92 - 7

Can you forgive me?
Ar galite man atleisti?

Week 92

Level 16

93 - 1
She glared at me.
Ji žvelgė į mane.

93 - 2
Have a walk.
Pasivaikščiokite.

93 - 3
He was overtaking.
Jis aplenkdavo.

93 - 4
I'll be online.
Būsiu prisijungęs.

93 - 5
Forget it.
Pamirškite tai.

93 - 6
It's pouring down.
Lijo lietus.

93 - 7
Don't worry.
Nesijaudinkite.

Week 93

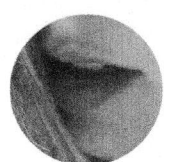

Level 16

94 - 1

It's going to rain.
Bus lietaus.

94 - 2

I hate the dentist.
Nekenčiu dantisto.

94 - 3

Can I borrow a pen?
Ar galiu pasiskolinti rašiklį?

94 - 4

Why are you late?
Kodėl tu vėluoji?

94 - 5

I feel happy.
Jaučiuosi laimingas.

16/26

94 - 6

He is my father.
Jis yra mano tėvas.

94 - 7

Don't be afraid.
Nebijok.

Week 94

Level 16

95 - 1
I ate heartily.
Valgau sočiai.

95 - 2
The ship sank.
Laivas nuskendo.

95 - 3
He stood on stage.
Jis stovėjo ant scenos.

95 - 4
A pack of vitamins.
Vitaminų pakuotė.

95 - 5
Is this show good?
Ar ši laida gera?

95 - 6
How about you?
O tu?

95 - 7
Are you free now?
Ar dabar esi laisvas?

Week 95

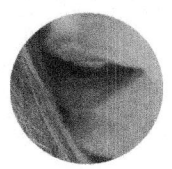

Level 16

96 - 1

Have a pizza.
Suvalgykite picą.

96 - 2

I have mouth sores.
Man skauda burną.

96 - 3

I'm sure about it.
Esu tuo įsitikinęs.

96 - 4

We met yesterday.
Vakar mes susitikome.

96 - 5

Hazardous waste.
Pavojingos atliekos.

16/26

96 - 6

I have a black bag.
Turiu juodą maišą.

96 - 7

Please, come in.
Prašau, įeikite.

Week 96

Level 17

97 - 1
Can I use the gym?
Ar galiu naudotis sporto sale?

97 - 2
Is it true?
Ar tai tiesa?

97 - 3
Good evening.
Labas vakaras.

97 - 4
Both are the same.
Abu yra vienodi.

97 - 5
Can anyone hear me?
Ar kas nors mane girdi?

97 - 6
I'll pay in cash.
Mokėsiu grynaisiais pinigais.

97 - 7
Bye. Take care.
Iki pasimatymo. Rūpinkitės.

Week 97

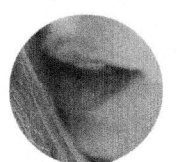

Level 17

98 - 1

Dry in the shade.
Džiovinkis pavėsyje.

98 - 2

No way.
Niekaip.

98 - 3

I have a big dream.
Turiu didelę svajonę.

98 - 4

I beg your pardon.
Prašau atleisti.

98 - 5

Sorry I am late.
Atsiprašau, kad vėluoju.

98 - 6

What's happening?
Kas vyksta?

98 - 7

Don't shout.
Nešaukite.

Week 98

Level 17

99 - 1

My watch is slow.
Mano laikrodis lėtas.

99 - 2

You are welcome.
Jūs esate laukiami.

99 - 3

Keep the change.
Pasilikite grąžą.

99 - 4

Is it serious?
Ar tai rimta?

99 - 5

Cool down.
Nusiraminkite.

99 - 6

This seat is taken.
Ši vieta užimta.

99 - 7

Please be seated.
Prašome atsisėsti.

Week 99

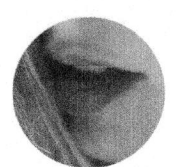

Level 17

100 - 1

Do you avoid me?
Ar vengiate manęs?

100 - 2

No big deal.
Nieko rimto.

100 - 3

I believe you.
Aš tavimi tikiu.

100 - 4

Dry flat in shade.
Džiovink butą pavėsyje.

100 - 5

It's very gaudy.
Tai labai glamžyta.

100 - 6

I am happy today.
Šiandien esu laiminga.

100 - 7

How do I?
Kaip man?

Week 100

Level 17

101 - 1

No stopping.
Jokių sustojimų.

101 - 2

Don't go there.
Neikite ten.

101 - 3

Please eat.
Prašome valgyti.

101 - 4

Let's meet again.
Susitikime dar kartą.

101 - 5

Let's try harder.
Pasistenkime labiau.

101 - 6

I hate ironing.
Nekenčiu lyginimo.

101 - 7

Keep your word.
Laikykitės savo žodžio.

Week 101

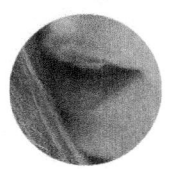

Level 17

102 - 1

That's alright.
Viskas gerai.

102 - 2

I heard a gunshot.
Girdėjau šūvį.

102 - 3

Who called you?
Kas tau skambino?

102 - 4

She has a car.
Ji turi automobilį.

102 - 5

She is my wife.
Ji yra mano žmona.

102 - 6

Happy Birthday!
Su gimtadieniu!

102 - 7

I am sorry.
Atsiprašau.

Week 102

I SPEAK LITHUANIAN LEVEL 1 AND 2
COMMON LITHUANIAN WORDS IN CONTEXT FOR FLASH CARDS

Level 18

103 - 1

I am really cold.
Man labai šalta.

103 - 2

The team was weak.
Komanda buvo silpna.

103 - 3

This is absurd!
Tai absurdas!

103 - 4

What can you say?
Ką tu gali pasakyti?

103 - 5

What's your view?
Koks jūsų požiūris?

103 - 6

Is it all true?
Ar visa tai tiesa?

103 - 7

Do you think so?
Ar tu taip manai?

Week 103

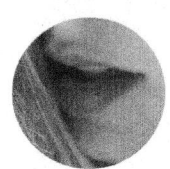

Level 18

104 - 1

Read them aloud.
Perskaitykite jas garsiai.

104 - 2

By all means.
Visomis priemonėmis.

104 - 3

Thank you.
Ačiū.

104 - 4

Bring them here.
Atveskite juos čia.

104 - 5

I'm scared of dogs.
Aš bijau šunų.

104 - 6

Sure. Thank you.
Žinoma. Ačiū.

104 - 7

Who told you?
Kas tau pasakė?

Week 104

I SPEAK LITHUANIAN LEVEL 1 AND 2
COMMON LITHUANIAN WORDS IN CONTEXT FOR FLASH CARDS

Level 18

105 - 1

Will you meet me?
Ar susitiksite su manimi?

105 - 2

Hi.
Sveiki.

105 - 3

Please come here.
Prašom ateiti čia.

105 - 4

I'll pay for that.
Aš už tai sumokėsiu.

105 - 5

Where are you now?
Kur tu dabar esi?

105 - 6

Please show me.
Prašau, parodyk man.

105 - 7

I can't breathe.
Aš negaliu kvėpuoti.

Week 105

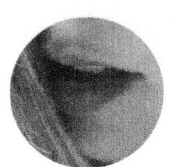

Level 18

106 - 1

I'm from Roma.
Esu iš Romos.

106 - 2

Here is your tip.
Čia yra jūsų arbatpinigiai.

106 - 3

She is my mother.
Ji yra mano motina.

106 - 4

A coffee please.
Prašom kavos.

106 - 5

Do not lean.
Nelydyk.

106 - 6

That's a nuisance.
Tai trukdo.

106 - 7

I don't know yet.
Aš dar nežinau.

Week 106

Level 18

107 - 1
I don't have time.
Aš neturiu laiko.

107 - 2
Sorry about that.
Atsiprašau už tai.

107 - 3
How are you doing?
Kaip tau sekasi?

107 - 4
I can't afford it.
Aš negaliu sau to leisti.

107 - 5
Safety comes first.
Saugumas yra svarbiausia.

107 - 6
Violence is wrong.
Smurtas yra blogai.

107 - 7
You can go home.
Galite eiti namo.

Week 107

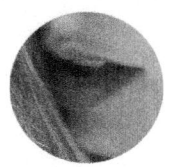

Level 18

108 - 1

Open wide, please.
Atverk plačiai, prašau.

108 - 2

I'm very hungry.
Esu labai alkanas.

108 - 3

I am rather shy.
Esu gana drovus.

108 - 4

That was close.
Tai buvo arti.

108 - 5

What do you see?
Ką matote?

108 - 6

That's OK.
Gerai.

108 - 7

Stop.
Sustok.

Week 108

I SPEAK LITHUANIAN LEVEL 1 AND 2
COMMON LITHUANIAN WORDS IN CONTEXT FOR FLASH CARDS

Level 19

109 - 1

Please come.
Prašom ateiti.

109 - 2

Does the boy arise?
Ar berniukas iškyla?

109 - 3

Make a withdrawal.
Padarykite pasitraukimą.

109 - 4

Come again?
Atvažiuok dar kartą?

109 - 5

He left the group.
Jis paliko grupę.

109 - 6

Is the rumor true?
Ar tas gandas teisingas?

109 - 7

Does he add wealth?
Ar jis prideda turto?

Week 109

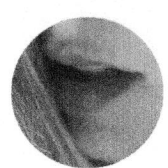

Level 19

110 - 1

Her skin is smooth.
Jos oda lygi.

110 - 2

It smells good.
Jis gerai kvepia.

110 - 3

I am terrified.
Man baisu.

110 - 4

He has high ideals.
Jis turi aukštus idealus.

110 - 5

It's very near.
Tai labai arti.

110 - 6

You look great.
Puikiai atrodote.

110 - 7

I'll go.
Aš eisiu.

Week 110

Level 19

111 - 1

Hello.
Sveiki.

111 - 2

It's very cheap.
Tai labai pigu.

111 - 3

Can I see the menu?
Ar galiu pamatyti meniu?

111 - 4

It's been a while.
Praėjo nemažai laiko.

111 - 5

Do not drink.
Negalima gerti.

111 - 6

I'm 27 years old.
Man 27 metai.

111 - 7

I do the paperwork.
Atlieku dokumentų tvarkymą.

Week 111

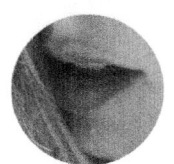

Level 19

112 - 1

He is very smart.
Jis labai protingas.

112 - 2

He is a fine poet.
Jis puikus poetas.

112 - 3

It's been too long.
Tai truko per ilgai.

112 - 4

I have no time.
Neturiu laiko.

112 - 5

You must be tired.
Turbūt esi pavargusi.

112 - 6

What happened?
Kas atsitiko?

112 - 7

I work as a doctor.
Aš dirbu gydytoju.

Week 112

Level 19

113 - 1

Make a note of it.
Užsirašykite tai.

113 - 2

Congratulations!
Sveikinu!

113 - 3

Turn left.
Pasukite į kairę.

113 - 4

He is a lucky man.
Jis yra laimingas žmogus.

113 - 5

My jaw hurts.
Man skauda žandikaulį.

113 - 6

She likes tall men.
Jai patinka aukšti vyrai.

113 - 7

Thanks for calling.
Ačiū, kad paskambinote.

Week 113

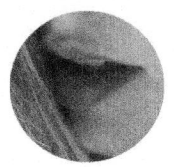

Level 19

114 - 1

Wait for sometime.
Palaukite kurį laiką.

114 - 2

Thanks a lot.
Labai ačiū.

114 - 3

Well done.
Puikiai atlikta.

114 - 4

She is nearsighted.
Ji yra trumparegė.

114 - 5

I feel thirsty.
Jaučiuosi ištroškęs.

114 - 6

I moved last year.
Pernai persikėliau gyventi kitur.

114 - 7

That's awful.
Tai siaubinga.

Week 114

Level 20

115 - 1

Where is the exit?
Kur yra išėjimas?

115 - 2

Many happy returns.
Daug laimingų sugrįžimų.

115 - 3

Please sign here.
Prašome pasirašyti čia.

115 - 4

I am from Paris.
Aš esu iš Paryžiaus.

115 - 5

I agree.
Sutinku.

115 - 6

I'm okay. Thank you.
Man viskas gerai. Ačiū.

115 - 7

Please calm down.
Prašome nusiraminti.

Week 115

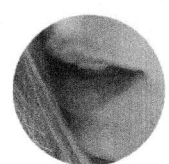

Level 20

116 - 1

Do you hate him?
Ar tu jo nekenti?

116 - 2

Absolutely not.
Tikrai ne.

116 - 3

I was locked up.
Buvau uždarytas.

116 - 4

Nice work.
Geras darbas.

116 - 5

He has long legs.
Jis turi ilgas kojas.

116 - 6

I don't mind.
Man tai nerūpi.

116 - 7

You're fired.
Jūs atleistas.

Week 116

Level 20

117 - 1

I really like you.
Tu man labai patinki.

117 - 2

Calm down.
Nusiraminkite.

117 - 3

Don't cry.
Nerėkaukite.

117 - 4

No jumping.
Jokių šuolių.

117 - 5

I chilled beer.
Aš atšaldžiau alų.

117 - 6

That's fine.
Viskas gerai.

117 - 7

No, you cannot.
Ne, tu negali.

Week 117

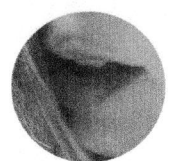

Level 20

118 - 1

Don't panic.
Nepanikuokite.

118 - 2

Are you employed?
Ar esi įdarbintas?

118 - 3

I hate onions.
Nekenčiu svogūnų.

118 - 4

He owns three cars.
Jis turi tris automobilius.

118 - 5

Where did he come?
Kur jis atvyko?

118 - 6

Listen to me.
Klausykitės manęs.

118 - 7

Do like your job?
Ar patinka tavo darbas?

Week 118

I SPEAK LITHUANIAN LEVEL 1 AND 2
COMMON LITHUANIAN WORDS IN CONTEXT FOR FLASH CARDS

Level 20

119 - 1

Her words hurt me.
Jos žodžiai mane įskaudino.

119 - 2

Stop here at red.
Sustokite čia prie raudonos spalvos.

119 - 3

How is your father?
Kaip tavo tėvas?

119 - 4

Was I appointed?
Ar aš buvau paskirtas?

119 - 5

I am so stressed.
Esu tokia įsitempusi.

119 - 6

I'm impressed.
Esu sužavėtas.

119 - 7

It's too late now.
Jau per vėlu.

Week 119

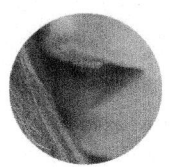

Level 20

120 - 1

How's it going?
Kaip sekasi?

120 - 2

That would be okay.
Tai būtų gerai.

120 - 3

I feel shy.
Jaučiuosi nedrąsiai.

120 - 4

This is my teacher.
Tai mano mokytojas.

120 - 5

Did he come?
Ar jis atėjo?

120 - 6

Happy Anniversary!
Laimingo jubiliejaus!

120 - 7

Are you John?
Ar jūs esate Džonas?

Week 120

Level 21

121 - 1

How are things?
Kaip sekasi?

121 - 2

A handful of beans.
Saujelė pupelių.

121 - 3

Have lunch.
Pavalgyk pietus.

121 - 4

I have an idea.
Turiu idėją.

121 - 5

I have no money.
Neturiu pinigų.

121 - 6

How old are you?
Kiek jums metų?

121 - 7

Enjoy!
Mėgaukitės!

Week 121

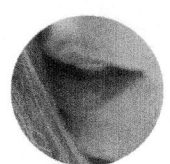

Level 21

122 - 1

I don't understand.
Aš nesuprantu.

122 - 2

Do as you like.
Darykite, kaip jums patinka.

122 - 3

How's your day?
Kaip tavo diena?

122 - 4

It's hot outside.
Lauke karšta.

122 - 5

He loves himself.
Jis myli save.

122 - 6

Who is he?
Kas jis?

122 - 7

It's your fault.
Tai jūsų kaltė.

Week 122

Level 21

123 - 1

I like grapes.
Man patinka vynuogės.

123 - 2

I love you.
Aš tave myliu.

123 - 3

Thank you so much!
Labai ačiū!

123 - 4

She loves to dance.
Ji mėgsta šokti.

123 - 5

I caught a cold.
Aš peršalau.

123 - 6

When did he come?
Kada jis atėjo?

123 - 7

That was excellent.
Tai buvo puiku.

Week 123

Level 21

124 - 1

No problem.
Jokių problemų.

124 - 2

I like this.
Man tai patinka.

124 - 3

Who is this man?
Kas yra šis žmogus?

124 - 4

Read it out loud.
Perskaitykite garsiai.

124 - 5

Boys, be ambitious.
Berniukai, būkite ambicingi.

124 - 6

Your bag is light.
Jūsų krepšys lengvas.

124 - 7

What do you think?
Kaip manai?

Week 124

Level 21

125 - 1

Shall we start?
Gal pradėsime?

125 - 2

I do not like you.
Man jūs nepatinkate.

125 - 3

Don't threaten me.
Negrasink man.

125 - 4

Ask him to call me.
Paprašykite, kad jis man paskambintų.

125 - 5

Goodbye.
Iki pasimatymo.

125 - 6

It's almost time.
Jau beveik laikas.

125 - 7

See you at 8 P.M.
Iki pasimatymo 20 val. vakaro.

Week 125

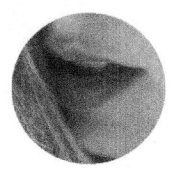

Level 21

126 - 1

I unlaced my shoes.
Atsegiau batų raištelius.

126 - 2

We are hungry.
Mes esame alkani.

126 - 3

I get up at 5.15.
Keliuosi 5.15 val.

126 - 4

I am nervous.
Aš nervinuosi.

126 - 5

We sang loudly.
Mes garsiai dainavome.

126 - 6

Mind the steps.
Atkreipk dėmesį į žingsnius.

126 - 7

I'm called John.
Mane vadina Džonu.

Week 126

Level 22

127 - 1

Your name please?
Jūsų vardas, prašau?

127 - 2

Very Good!
Labai gerai!

127 - 3

Is he breathing?
Ar jis kvėpuoja?

127 - 4

I am so into you.
Aš taip į tave įsistebeilijau.

127 - 5

No smoking.
Nerūkyti.

127 - 6

Anything to convey?
Ką nors perduoti?

127 - 7

Do not lie.
Nemeluok.

Week 127

I SPEAK LITHUANIAN LEVEL 1 AND 2

COMMON LITHUANIAN WORDS IN CONTEXT FOR FLASH CARDS

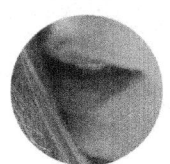

Level 22

128 - 1

This work is hard.
Šis darbas yra sunkus.

128 - 2

Smoking area.
Rūkymo vieta.

128 - 3

I sold old books.
Pardavinėjau senas knygas.

128 - 4

Are you married?
Ar esi ištekėjusi?

128 - 5

Remind me.
Primink man.

128 - 6

I didn't do it.
Aš to nepadariau.

128 - 7

That's so sad.
Tai taip liūdna.

Week 128

I SPEAK LITHUANIAN LEVEL 1 AND 2
COMMON LITHUANIAN WORDS IN CONTEXT FOR FLASH CARDS

Level 22

129 - 1

Slow down.
Sulėtinkite greitį.

129 - 2

Say cheese!
Sakykite sūris!

129 - 3

She's 27 years old.
Jai 27 metai.

129 - 4

I'm home.
Aš namie.

129 - 5

I like this show.
Man patinka ši paroda.

129 - 6

I can't help you.
Negaliu tau padėti.

129 - 7

Excellent.
Puiku.

Week 129

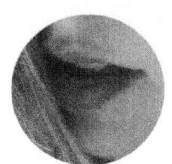

Level 22

130 - 1

How does it work?
Kaip tai veikia?

130 - 2

A slice of pizza.
Gabalėlis picos.

130 - 3

Raise your hands.
Pakelkite rankas.

130 - 4

He became a doctor.
Jis tapo gydytoju.

130 - 5

Certainly.
Žinoma.

130 - 6

Can I try this on?
Ar galiu tai pasimatuoti?

130 - 7

I can't read a map.
Nemoku skaityti žemėlapio.

Week 130

I SPEAK LITHUANIAN LEVEL 1 AND 2

COMMON LITHUANIAN WORDS IN CONTEXT FOR FLASH CARDS

Level 22

131 - 1

They speak French.
Jie kalba prancūziškai.

131 - 2

A fly is buzzing.
Musė dūzgia.

131 - 3

It's 6 A.M now.
Dabar 6 val. ryto.

131 - 4

No, thank you.
Ne, ačiū.

131 - 5

Any message please?
Prašom kokios nors žinutės?

131 - 6

She's with me.
Ji su manimi.

131 - 7

Did he attempt?
Ar jis bandė?

Week 131

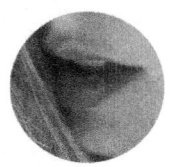

Level 22

132 - 1

I'm not interested.
Man neįdomu.

132 - 2

Are you Ok?
Ar tau viskas gerai?

132 - 3

I injured my thumb.
Aš susižeidžiau nykštį.

132 - 4

Go away!
Eik šalin!

132 - 5

I am a housewife.
Aš esu namų šeimininkė.

132 - 6

I go by scooter.
Važiuoju motoroleriu.

132 - 7

Please.
Prašau.

Week 132

I SPEAK LITHUANIAN LEVEL 1 AND 2

COMMON LITHUANIAN WORDS IN CONTEXT FOR FLASH CARDS

Level 23

133 - 1

I met her downtown.
Sutikau ją miesto centre.

133 - 2

I wouldn't mind.
Aš neprieštaraučiau.

133 - 3

Does he beat me?
Ar jis mane muša?

133 - 4

I'm a student.
Aš esu studentas.

133 - 5

Send him out.
Išsiųskite jį.

133 - 6

You're wrong.
Jūs klystate.

133 - 7

I feel tired.
Jaučiuosi pavargęs.

Week 133

Level 23

134 - 1

Poor you.
Vargšas tu.

134 - 2

I am John.
Aš esu Džonas.

134 - 3

No food and drinks.
Jokio maisto ir gėrimų.

134 - 4

I broke my arm.
Susilaužiau ranką.

134 - 5

He has my number.
Jis turi mano numerį.

134 - 6

She talks a lot.
Ji daug kalba.

134 - 7

Did she ask me?
Ar ji prašė manęs?

Week 134

Level 23

135 - 1
I feel giddy.
Jaučiuosi apsvaigęs.

135 - 2
Get out of here!
Išeik iš čia!

135 - 3
May I have a word?
Ar galiu tarti žodį?

135 - 4
When is it?
Kada tai įvyko?

135 - 5
The floor is wet.
Grindys šlapios.

135 - 6
I'll pay by card.
Mokėsiu kortele.

135 - 7
Don't skip meals.
Nepraleisk valgio.

Week 135

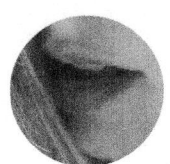

Level 23

136 - 1

Work in progress.
Nebaigtas darbas.

136 - 2

I go by bus.
Aš važiuoju autobusu.

136 - 3

She talks fast.
Ji kalba greitai.

136 - 4

No passing.
Jokio pravažiavimo.

136 - 5

He has big arms.
Jis turi dideles rankas.

136 - 6

I read the Times.
Skaitau "Times".

136 - 7

That's wonderful.
Tai nuostabu.

Week 136

Level 23

137 - 1

Cross the street.
Pereikite gatvę.

137 - 2

I can't. I'm sorry.
Aš negaliu. Atsiprašau.

137 - 3

Lock the door.
Užrakink duris.

137 - 4

What did he say?
Ką jis pasakė?

137 - 5

Note the address.
Atkreipkite dėmesį į adresą.

137 - 6

No entry for buses.
Autobusams įvažiuoti draudžiama.

137 - 7

Thanks for the tip.
Ačiū už patarimą.

Week 137

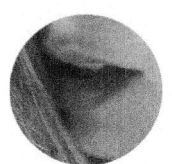

Level 23

138 - 1

My son turned six.
Mano sūnui sukako šešeri.

138 - 2

Is this reduced?
Ar tai sumažinta?

138 - 3

I love cats.
Man patinka katės.

138 - 4

It was my pleasure.
Man buvo malonu.

138 - 5

My head aches.
Man skauda galvą.

138 - 6

I like you.
Tu man patinki.

138 - 7

How are you?
Kaip tu?

Week 138

Level 24

139 - 1

The door bell rang.
Pasigirdo durų skambutis.

139 - 2

Is it useful?
Ar tai naudinga?

139 - 3

A sack of rice.
Maišas ryžių.

139 - 4

I feel feverish.
Jaučiuosi karščiuojantis.

139 - 5

How much is it?
Kiek tai kainuoja?

139 - 6

Yes, you can.
Taip, tu gali.

139 - 7

Use black ink only.
Naudokite tik juodą rašalą.

Week 139

Level 24

140 - 1

Lastly, you.
Galiausiai tu.

140 - 2

That's too bad.
Labai blogai.

140 - 3

I love animals.
Man patinka gyvūnai.

140 - 4

Bye for now.
Kol kas iki pasimatymo.

140 - 5

How much is this?
Kiek tai kainuoja?

140 - 6

Let's ask Mom.
Paklauskime mamos.

140 - 7

Did it rain there?
Ar ten lijo lietus?

Level 24

141 - 1

Did she appeal?
Ar ji kreipėsi?

141 - 2

Do some yoga.
Užsiimkite joga.

141 - 3

So what?
Ir kas iš to?

141 - 4

I don't need a bag.
Man nereikia krepšio.

141 - 5

He was shivering.
Jis drebėjo.

141 - 6

He spoke loudly.
Jis kalbėjo garsiai.

141 - 7

I love lobsters.
Man patinka omarai.

Week 141

Level 24

142 - 1

Who's next?
Kas kitas?

142 - 2

Good job.
Geras darbas.

142 - 3

Do not wet clean.
Nešlapia švariai valyti.

142 - 4

How old is he?
Kiek jam metų?

142 - 5

How is everybody?
Kaip visiems sekasi?

142 - 6

It's too tight.
Per ankšta.

142 - 7

I'm from the U.S.
Esu iš JAV.

Week 142

Level 24

143 - 1

I am friendly.
Aš esu draugiška.

143 - 2

See you soon.
Greitai pasimatysime.

143 - 3

I'd be happy to.
Būčiau laimingas.

143 - 4

They are engaged.
Jie yra užsiėmę.

143 - 5

Please feel free.
Prašome jaustis laisvai.

143 - 6

My foot went numb.
Mano koja nutirpo.

143 - 7

Remember the date.
Prisiminkite datą.

Week 143

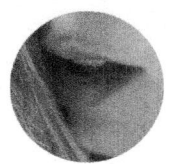

Level 24

144 - 1

Open your books.
Atverskite savo knygas.

144 - 2

I'm sleepy.
Noriu miegoti.

144 - 3

It's raining.
Lyja lietus.

144 - 4

Just take it easy.
Tiesiog nusiraminkite.

144 - 5

You deserve it!
Jūs to nusipelnėte!

144 - 6

Let's order first.
Pirmiausia užsisakykime.

144 - 7

Are the shops open?
Ar parduotuvės atidarytos?

Week 144

Level 25

145 - 1

Take a look around.
Apsižvalgyk aplinkui.

145 - 2

I jog every day.
Kasdien bėgioju.

145 - 3

Please ask someone.
Prašome ko nors paklausti.

145 - 4

I go by cycle.
Einu pagal ciklą.

145 - 5

How many people?
Kiek žmonių?

145 - 6

Does she behold me?
Ar ji žiūri į mane?

145 - 7

He burned his hand.
Jis nusidegino ranką.

Week 145

Level 25

146 - 1

I like wine.
Man patinka vynas.

146 - 2

I think so, too.
Aš irgi taip manau.

146 - 3

He's surely a hero.
Jis tikrai yra didvyris.

146 - 4

I feel sad today.
Aš šiandien jaučiuosi liūdna.

146 - 5

This box is heavy.
Ši dėžė yra sunki.

146 - 6

Absolutely.
Absoliučiai.

146 - 7

He loves barbecues.
Jis mėgsta kepsnines.

Week 146

Level 25

147 - 1

Here is your key.
Čia yra tavo raktas.

147 - 2

Turn headlights on.
Įjunkite priekinius žibintus.

147 - 3

Hello! Do come in!
Sveiki! Įeikite!

147 - 4

Where's the bank?
Kur yra bankas?

147 - 5

I got a new job.
Gavau naują darbą.

147 - 6

Please include me.
Prašau įtraukti mane.

147 - 7

He threw the ball.
Jis metė kamuolį.

Week 147

Level 25

148 - 1

Solve the equation.
Išspręskite lygtį.

148 - 2

He was nervous.
Jis buvo susinervinęs.

148 - 3

Call the police.
Iškvieskite policiją.

148 - 4

Complete the table.
Užpildykite lentelę.

148 - 5

It tastes good!
Jis skanus!

148 - 6

Please take notes.
Prašau užrašyti.

148 - 7

Close your eyes.
Užmerkite akis.

Week 148

Level 25

149 - 1

Here's the menu.
Štai meniu.

149 - 2

Time flies.
Laikas bėga.

149 - 3

I doubt it.
Abejoju.

149 - 4

I will buy it.
Aš jį nusipirksiu.

149 - 5

It's time to leave.
Atėjo laikas išvykti.

149 - 6

He is on leave.
Jis atostogauja.

149 - 7

Today is a holiday.
Šiandien atostogos.

Week 149

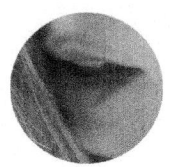

Level 25

150 - 1

Let's share duties.
Pasidalykime pareigomis.

150 - 2

He's still young.
Jis vis dar jaunas.

150 - 3

He hates evil.
Jis nekenčia blogio.

150 - 4

I love stopovers.
Mėgstu sustojimus.

150 - 5

He's off-guard.
Jis neatsargus.

150 - 6

I don't think so.
Aš taip nemanau.

150 - 7

What's up?
Kas vyksta?

Week 150

Level 26

151 - 1

I'm feeling better.
Jaučiuosi geriau.

151 - 2

Put on your boots!
Apsiaukite batus!

151 - 3

This is for you.
Tai tau.

151 - 4

You are so kind.
Jūs toks malonus.

151 - 5

Happy New Year!
Su Naujaisiais metais!

151 - 6

It's a good deal.
Tai geras sandėris.

151 - 7

Many thanks.
Labai ačiū.

Week 151

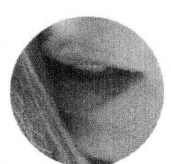

Level 26

152 - 1

He runs fast.
Jis greitai bėga.

152 - 2

May I come in?
Ar galiu įeiti?

152 - 3

Great.
Puiku.

152 - 4

I have no problem.
Neturiu jokių problemų.

152 - 5

Please do.
Prašom.

152 - 6

I have a fever.
Aš karščiuoju.

152 - 7

I know that.
Aš tai žinau.

26/26

Week 152

I SPEAK LITHUANIAN LEVEL 1 AND 2
COMMON LITHUANIAN WORDS IN CONTEXT FOR FLASH CARDS

Level 26

153 - 1

He knows my number.
Jis žino mano numerį.

153 - 2

That's great.
Tai puiku.

153 - 3

I can't avoid it.
Negaliu to išvengti.

153 - 4

Please go in front.
Prašom eiti priekyje.

153 - 5

I'm positive.
Esu teigiamai nusiteikęs.

153 - 6

How tall are you?
Kiek tu esi aukštas?

153 - 7

Let's go by bus.
Važiuokime autobusu.

Week 153

Level 26

154 - 1

He combed his hair.
Jis susišukavo plaukus.

154 - 2

Talk to you later.
Pasikalbėsime vėliau.

154 - 3

That sounds nice.
Skamba gražiai.

154 - 4

Please pay in cash.
Prašome sumokėti grynaisiais pinigais.

154 - 5

Bear in mind.
Turėkite omenyje.

154 - 6

Good luck.
Sėkmės.

154 - 7

Don't eat too much.
Nevalgyk per daug.

Week 154

I SPEAK LITHUANIAN LEVEL 1 AND 2
COMMAN LITHUANIAN WORDS IN CONTEXT FOR FLASH CARDS

Level 26

155 - 1

Does he act well?
Ar jis gerai elgiasi?

155 - 2

I understand.
Aš suprantu.

155 - 3

Maximum occupancy.
Didžiausias užimtumas.

155 - 4

Keep cool.
Išlaikykite vėsą.

155 - 5

Can you help me?
Ar galite man padėti?

155 - 6

I do not feel well.
Aš nesijaučiu gerai.

155 - 7

Do you have a pen?
Ar turite rašiklį?

Week 155

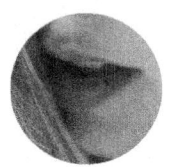

Level 26

156 - 1

Take this road.
Važiuok šiuo keliu.

156 - 2

What's going on?
Kas vyksta?

156 - 3

Why is he dull?
Kodėl jis yra nuobodus?

156 - 4

It is nothing.
Tai nieko.

156 - 5

Did anybody come?
Ar kas nors atėjo?

156 - 6

Perfect!
Puikiai!

156 - 7

He is my classmate.
Jis yra mano klasės draugas.

Week 156

Printed in Great Britain
by Amazon

83279708R00092